O poder sugestivo da publicidade: uma análise semiótica

Dados Internacionais de Catalogação na Publicação (CIP)
(Câmara Brasileira do Livro, SP, Brasil)

Chiachiri, Roberto
O poder sugestivo da publicidade : uma
análise semiótica / Roberto Chiachiri. -
São Paulo : Cengage Learning, 2010.

ISBN 978-85-221-0958-6

1. Comunicação 2. Propaganda 3. Publicidade
4. Publicidade - Linguagem 5. Semiótica I.
Título.

10-04180   CDD-659.1

Índices para catálogo sistemático:

1. Comunicação publicitária : Análise semiótica 659.1
2. Linguagem publicitária : Análise semiótica 659.1

Roberto Chiachiri

O poder sugestivo da publicidade: uma análise semiótica

CENGAGE

Austrália • Brasil • México • Cingapura • Reino Unido • Estados Unidos

O poder sugestivo da publicidade: uma análise semiótica

Roberto Chiachiri

Gerente Editorial: Patricia La Rosa

Editora de Desenvolvimento: Gisela Carnicelli

Supervisora de Produção Editorial: Fabiana Alencar Albuquerque

Copidesque: Mariana Gonzalez

Revisão: Bel Ribeiro e Maristela Nóbrega

Diagramação: PC Editorial Ltda.

Capa: Absoluta Publicidade e Design

Pesquisa Iconográfica: Tempo Composto Ltda. e Graciela Naliati

* Algumas imagens, cuja visualização está prejudicada por estarem em baixa resolução, foram publicadas a pedido do autor. (NE)

Impresso no Brasil
Printed in Brazil

© 2011 Cengage Learning. Todos os direitos reservados.

Todos os direitos reservados. Nenhuma parte deste livro poderá ser reproduzida, sejam quais forem os meios empregados, sem a permissão, por escrito, da Editora. Aos infratores aplicam-se as sanções previstas nos artigos 102, 104, 106 e 107 da Lei nº 9.610, de 19 de fevereiro de 1998.

Esta editora empenhou-se em contatar os responsáveis pelos direitos autorais de todas as imagens e de outros materiais utilizados neste livro. Se porventura for constatada a omissão involuntária na identificação de algum deles, dispomo-nos a efetuar, futuramente, os possíveis acertos.

A editora não se responsabiliza pelo funcionamento dos links contidos neste livro que possam estar suspensos.

Para informações sobre nossos produtos, entre em contato pelo telefone **0800 11 19 39**

Para permissão de uso de material desta obra, envie seu pedido para **direitosautorais@cengage.com**

© 2011 Cengage Learning. Todos os direitos reservados.

ISBN-13: 978-85-221-0958-6
ISBN-10: 85-221-0958-3

Cengage Learning
Condomínio E-Business Park
Rua Werner Siemens, 111 – Prédio 11
Torre A – Conjunto 12 – Lapa de Baixo
CEP 05069-900 – São Paulo – SP
Tel.: (11) 3665-9900 – Fax: (11) 3665-9901
SAC: 0800 11 19 39

Para suas soluções de curso e aprendizado, visite **www.cengage.com.br**

Prefácio

O poder sugestivo da publicidade iluminado pela semiótica

Para atingir seu alvo prioritário, que é, ao fim e ao cabo, influenciar o receptor, despertando nele a necessidade de aquisição de um produto, a linguagem publicitária faz uso de estratégias muito próprias de produção de sentido. Essas estratégias envolvem sobretudo recursos de sedução e de persuasão. O que importa é atrair o receptor, fisgá-lo para dentro da mensagem. Transformar o leitor ou espectador distraído em participante, torná-lo cúmplice dos sentidos que a mensagem visa transmitir. Os significados da linguagem publicitária ficam sempre longe da denotação. São camadas subjacentes de sentido que atravessam sutilmente as relações entre texto e imagem, camadas essas que são criadas muito mais por vias indiretas, por meio de alusões e sugestões, do que por enunciados explícitos.

É justamente este filão fundamental da linguagem publicitária, seu poder sugestivo, que Roberto Chiachiri explora com perspicácia neste livro. Parte desta perspicácia resulta de habilidades perceptivas e cognitivas que são próprias do autor; outra e deriva de seu domínio da teoria e metodologia que selecionou como ferramenta auxiliar de suas análises, a teoria dos signos de Charles Sanders Peirce.

Quando aplicada às mensagens publicitárias, a análise semiótica tem por objetivo tornar explícito o potencial comunicativo de sua linguagem, quer dizer, visa explorar, por meio da análise, quais são os efeitos que a mensagem está apta a produzir em seus receptores. Esses efeitos podem ser de várias ordens, desde o nível de uma primeira impressão até o de um julgamento de valor que o receptor pode, e muitas vezes é levado, a efetuar.

Para explorar esse potencial comunicativo, a semiótica propõe pelo menos três pontos de vista fundamentais e complementares através dos quais se procede à análise: o qualitativo-icônico, o singular-indicativo e o convencional-simbólico.

Sob o primeiro ponto de vista, são analisados os aspectos qualitativos da mensagem: suas cores, linhas, volume, dimensão, textura, luminosidade, composição, forma, design etc., que são responsáveis pela primeira impressão que uma mensagem provoca no receptor. Aquela impressão que brota da primeira olhada.

Essas qualidades visíveis, ou seja, as características que podem ser diretamente percebidas nas qualidades, também sugerem qualidades abstratas, tais como leveza, sofisticação, fragilidade, pureza, nobreza, severidade, elegância, delicadeza, força etc.

São responsáveis ainda pelas associações de ideias que a primeira impressão desperta. Embora as associações de ideias sejam incontroláveis, sabe-se que elas são produzidas por relações de comparação, na maior parte das vezes por comparações de semelhança. As cores, texturas, composição e formas têm grande poder de sugestão: uma cor lembra algo com a mesma cor, ou lembra uma outra cor; uma forma lembra algo que tem uma forma semelhante, e assim por diante. São as sugestões que estimulam as comparações. Essas relações de comparação por semelhança são chamadas icônicas.

Quando se analisam detidamente as qualidades de que uma mensagem se constitui, pode-se, de um lado, determinar as qualidades abstratas que as propriedades visíveis sugerem. De outro lado, pode-se prever, até certo ponto, as associações por semelhança que essas qualidades estão aptas a produzir. Não se trata evidentemente de uma previsão precisa, pois qualidades não têm limites muito definidos, de modo que seus efeitos não são, por isso mesmo, passíveis de mensuração. Trata-se, isto sim, de hipóteses que apresentam uma certa garantia de estarem corretas.

Sob o ponto de vista singular-indicativo, a mensagem é analisada como algo que existe em um espaço e tempo determinados. Quais são os traços de sua identidade? Sob este ângulo, as qualidades de que esse existente se compõe – cores, forma, tamanho, matéria – passam a ser vistas em função da sua manipulação e uso.

De um lado, a mensagem é analisada na sua relação com o contexto a que pertence. Quais são seus referentes? Que indicações contém do tipo de receptor a que se destina? De outro lado, é analisada de acordo com as funções que desempenha, as finalidades a que se presta. A adequação do aspecto qualitativo-icônico com este segundo aspecto contextual, utilitário, deve ser avaliada.

Sob o ponto de vista convencional-simbólico, o produto é analisado no seu caráter de tipo, quer dizer, não como algo que se apresenta na sua singularidade, mas como um tipo de produto.

Analisam-se aqui, primeiramente, os padrões do design da mensagem e os de gosto a que esses designs atendem. Que horizontes de expectativas culturais eles preenchem?

Em segundo lugar, analisa-se o poder representativo da mensagem. O que ela representa? Que valores lhe foram agregados culturalmente? Qual o status cultural da marca do produto que a mensagem veicula? Como este status foi construído? Em que medida a mensagem está contribuindo ou não para a construção ou consolidação da marca?

Em terceiro lugar, é analisado o tipo de usuário ou consumidor que a mensagem visa atingir e que significados os valores do produto referendado pela mensagem podem ter para este tipo de receptor.

Basicamente foram esses princípios analíticos que Roberto Chiachiri acionou para sua leitura da eficácia comunicativa das mensagens publicitárias, eficácia esta que é alcançada grandemente graças ao seu poder de sugestão. Uma vez que sugestões e alusões são produzidas por quali-signos icônicos, os ícones imagéticos e metafóricos, de que a linguagem publicitária é fértil, funcionam como afiados meios de aferição das análises do autor.

Certamente, somos todos semioticistas natos, no sentido de que, como seres humanos, estamos equipados para compreender mensagens, mesmo quando elas fazem uso de recursos sofisticados de produção de sentido. Entretanto, se quisermos compreender quais mecanismos e procedimentos sígnicos são acionados para essa produção, a teoria semiótica é um instrumental precioso para iluminar nosso caminho. Este livro de Roberto Chiachiri nos fornece uma demonstração eloquente da relevância da semiótica quando empregada por um olhar astuto e arguto.

LUCIA SANTAELLA
SP, maio de 2006

para Rita, Rafael e Luiza

Sumário

Prefácio   v

Resumo   xiii

Introdução   xv

Capítulo 1:   Publicidade: sua força, seu poder sugestivo   1

   A força da publicidade   8

   O estado da arte de estudos sobre mensagens publicitárias   16

Capítulo 2:   Um breve percurso pela teoria semiótica de Charles Sanders Peirce   27

   Abrindo o signo   33

Capítulo 3:   As estratégias para a produção de efeitos sugestivos   43

   Publicidade do isotônico Gatorade   49
   Publicidade da linha de calçados Timberland   59
   Publicidade do azeite extravirgem Borges   67
   Publicidade do vinho Miolo   75
   Publicidade da tinta Suvinil Toque de Seda   85

Considerações Finais   93

Referências Bibliográficas   95

Resumo

Na busca de compreensão dos efeitos que a comunicação publicitária produz em seus receptores, o objetivo desta pesquisa é identificar as estratégias de sugestão empregadas na composição da comunicação publicitária. Para tanto, será estudado o grau de influência da iconicidade para a realização dessas estratégias nas mensagens e as associações mentais que o receptor é levado a realizar por meio destes signos ou quase signos. Parte-se da hipótese de que são esses tipos de signos que se responsabilizam pelo poder de sugestão.

Esta obra apresenta-se em três capítulos. O primeiro está voltado para a contextualização da publicidade e para a bibliografia comentada de projetos que se alinham em objetivos próximos ao do leitor. No segundo, *Um breve percurso pela teoria semiótica de Charles Sanders Peirce*, serão apresentadas, de forma não exaustiva, explicitando o suporte teórico utilizado a fim de que se possa obter embasamento, as análises das peças publicitárias do capítulo que se seguirá. Por fim, no Capítulo 3, *As estratégias para a produção de efeitos sugestivos*, encontram-se as análises semióticas com ênfase nos graus de iconicidade e nos meandros da montagem de uma peça publicitária responsáveis por suas estratégias de sugestão.

Introdução

Atualmente, percebe-se uma constante preocupação com o entendimento do mundo da publicidade, dada a importância indiscutível dos efeitos que esse mundo produz. No contexto desta preocupação, o objetivo desta pesquisa é identificar as estratégias de sugestão empregadas na composição da comunicação publicitária. Para isto será estudado o grau de influência da iconicidade para a realização dessas estratégias nas mensagens publicitárias e as associações que o leitor está apto a realizar por meio destes signos ou quase signos, visto que são esses tipos de signos que se responsabilizam pelo poder de sugestão.

Este livro apresenta-se em três capítulos. No primeiro, intitulado *Publicidade: sua força, seu poder sugestivo,* serão mostradas algumas diferenças e semelhanças terminológicas entre Publicidade e Propaganda, Publicidade e Marketing, e como estes termos são empregados atualmente no Brasil. Ainda aqui procurar-se-á ilustrar a força publicitária exercida sobre o consumidor por meio de estratégias de elaboração da forma na produção de peças de publicidade, para se chegar a um conteúdo que possibilite que uma mensagem seja transmitida por uma via sugestiva. Ao final do capítulo será apresentado, de modo breve, um elenco de outros estudos que tiveram em mira objetivos mais ou menos similares aos que nortearam este trabalho.

A análise a ser efetuada se dará por intermédio da teoria semiótica de Charles Sanders Peirce, especialmente de seu conceito de signo icônico. Propõe-se que os conceitos de hipoícone-imagético e de hipoícone-metafórico, em conjunto com o de montagem, são capazes de sinalizar as estratégias de sugestão empregadas pelo discurso publicitário.

Por isso, no segundo capítulo, *Um breve percurso pela teoria semiótica de Charles Sanders Peirce*, será apresentado, de forma não exaustiva, o suporte teórico utilizado a fim de que se possa obter embasamento nas análises das peças publicitárias no capítulo que se seguirá. Serão abordados o conceito de fenomenologia com suas três categorias universais, o signo propriamente dito, suas relações com ele mesmo, com seu objeto e com seu interpretante. Porém será despendido um tempo maior ao signo icônico, visto que é nesta linha que as análises se fundamentarão.

Por fim, no Capítulo 3, *As estratégias para a produção de efeitos sugestivos*, encontram-se as análises semióticas com ênfase nos graus de iconicidade e nos meandros da montagem de uma peça publicitária na busca de suas estratégias de sugestão.

As peças selecionadas são publicidades impressas na mídia revista, de diferentes produtos de consumo, que foram escolhidas para o desenvolvimento deste trabalho. Tentar-se-á, com isto, demonstrar o manejo das imagens e metáforas que levam os criadores de publicidade à construção de vias sugestivas para a efetivação da mensagem pretendida.

CAPÍTULO 1

Publicidade:
sua força,
seu poder sugestivo

A indústria coloca à disposição do público, atualmente, produtos muito semelhantes. Desta maneira, os motivos que levam uma pessoa a comprar algo não são somente determinados pelas características intrínsecas ao produto e pela necessidade do comprador, mas, sobretudo, pela influência dos meios de comunicação pela atividade publicitária.

Para conquistar o consumidor, são produzidas peças publicitárias que se utilizam do conteúdo da comunicação que, por sua vez, só é eficiente por meio de estratégias de elaboração da forma.

A questão da oposição entre forma e conteúdo, já muito discutida, e a afirmação de que este está naquela, e vice-versa, já não é mais novidade. No entanto, na atividade publicitária esta divisão, apesar de não ser tão nítida, determina áreas e atividades diferentes.

O conteúdo de uma mensagem publicitária é definido principalmente pelos profissionais que trabalham com planejamento. Este trabalho envolve a elaboração de um documento contendo vários aspectos e, entre eles, uma indicação dos caminhos a serem traçados pelos profissionais que trabalharão com a criação, ou seja, os que estão preocupados com a forma.

É para este campo, da preocupação com a forma e a criação publicitária, que esta pesquisa está voltada. Com base na teoria semiótica de Charles Sanders Peirce, procura-se identificar as **estratégias de sugestão** que compõem uma mensagem publicitária na conquista de seu consumidor, estudando o grau de influência da iconicidade nestas mensagens e as associações mentais que o receptor está apto a realizar por meio desses processos sugestivos. Antes de entrar na discussão desta questão, propõe-se que alguns pressupostos devem ser esclarecidos.

A necessidade de elucidar as diferenças (ou semelhanças) entre os termos publicidade e propaganda é sentida na maior parte das vezes quando inicia-se um curso para as turmas de graduação em comunicação social. Costuma-se dizer sempre que se adotam os termos como sinônimos. Não simplesmente por comodismo, mas sim por se saber que tais termos, no Brasil, são utilizados indistintamente. Whitaker Penteado diz em seu artigo "Palavras" (2002): "[...] [o] Brasil é o único país do mundo em que a palavra [propaganda] é utilizada para designar a publicidade comercial. Em todos os outros latinos [inclusive Portugal] é sempre publicidade".

Porém, faz-se necessário, para que esta pergunta não fique vaga e sem resposta, a citação de algumas definições concernentes a estes termos.

O termo **publicidade** vem da palavra em latim *publicius* (qualidade do que é público), que significa tornar público um acontecimento, uma ideia, um fato. O termo **propaganda** deriva-se do latim *propagare* – produzir por meio de mergulhia – que por sua vez advém igualmente do latim *pangere* (mergulhar, plantar), aqui significando implantar e propagar uma ideia, uma crença em uma mente qualquer.

Encontra-se também nesta pesquisa uma passagem que diz respeito ao Papa Clemente VII que, em 1597, fundou a Congregação da Propaganda (*Sacro Congregatio Propaganda Fid*) com o intuito de propagar a fé católica, sendo, pois, o responsável pela tradução deste termo com o sentido de propagação de princípios e teorias. Daí, talvez, ser mais usual utilizar o termo propaganda quando tratamos da propaganda política.

Contribuem também, para o entendimento desta questão, três definições (Sampaio, 1999: 25) dos termos vindos da língua inglesa:

> ***Advertising:*** anúncio comercial, propaganda que visa divulgar e promover o consumo de bens (mercadorias e serviços); assim como a propaganda dita de utilidade pública, que objetiva promover comportamentos e ações comunitariamente úteis (não sujar as ruas, respeitar as leis de trânsito, [...] não tomar drogas etc.).
>
> ***Publicity:*** informação disseminada editorialmente (através de jornal, revista, rádio, TV, cinema ou outro meio de comunicação público) com o objetivo de divulgar informações sobre pessoas, empresas, produtos, entidades, ideias, eventos etc., sem que para isso o anunciante pague pelo espaço ou tempo utilizado na divulgação da informação.
>
> ***Propaganda:*** propaganda de caráter político, religioso ou ideológico, que tem como objetivo disseminar ideias dessa natureza.

Em meio a esta "instabilidade" terminológica, opta-se pelo termo **publicidade**, que será utilizado durante todo o desenvolvimento desta obra.

Uma vez definida a questão das terminologias, cabe explicitar uma outra relação entre termos que merece ser analisada para que não persista um certo uso indevido, às vezes mesmo invertido, deles. O conceito de **marketing** e o de **publicidade**. A publicidade é uma parte do *mix* de marketing, ou seja, o conceito dos 4P's de McCarthy: produto, praça, promoção e preço. A publicidade pertence ao P da promoção. Faz parte de uma das estratégias do marketing que tem como estratégia geral o desenvolvimento do produto/serviço, sua adequação ao mercado, seu preço, sua distribuição nos pontos de venda etc.

O **marketing** é muito mais amplo, incluindo preço, produto, embalagem, distribuição; enquanto a **publicidade** fica restrita aos anúncios em revista, rádio, TV, jornal, *outdoor* etc., ou seja, ocupa-se da comunicação e das mídias.

Marketing é o grande guarda-chuva. Publicidade e marketing interagem na medida em que aquela tem de, necessariamente, estar consistente com o planejamento deste. O maior papel da publicidade é o de despertar desejos. E é justamente para este papel maior que esta pesquisa está voltada. Muito já se falou sobre o poder da publicidade para despertar desejos. Entretanto, o ponto de vista que se pretende explorar, o das estratégias semióticas de sugestão, até onde temos notícias, não foi ainda trabalhado.

A FORÇA DA PUBLICIDADE

Todos fazem parte das modernas sociedades de consumo, nas quais impera o já conhecido diagnóstico marxista do fetichismo da mercadoria. Não há como escapar, mesmo que se queira, da força que a publicidade exerce sobre as pessoas. Seduzir, falar ao nosso inconsciente, criar hábitos, despertar os desejos e até mudar o modo de agir de uma sociedade são papéis intrínsecos à força publicitária.

Para que esses papéis sejam desempenhados a contento em relação àquilo que a produção da comunicação publicitária propõe e almeja, estratégias dos mais variados tipos são por ela utilizados. O som, a cor, a luz, a imagem fotográfica ou não (estática ou em movimento) – tipos distintos de linguagens –, aliados a um crescente desenvolvimento da tecnologia, são exemplos típicos dessas estratégias.

Para conquistar, são produzidas peças publicitárias, manifestos de uma comunicação que, por sua vez, se tornam sempre mais eficientes por meio de estratégias de elaboração da forma. Um bom exemplo disto é o da montagem, um recurso que aqui chama-se de formal, em que se utilizam duas ou mais imagens, fragmentos de imagem, texto verbal (escrito ou não), para gerar uma nova imagem, compondo assim um novo significado.

Em um mercado competitivo, a montagem tem um papel importante como recurso de linguagem, assim como em trabalhos que, por se caracterizarem como de utilidade pública, objetivando promover comportamentos e ações comunitariamente úteis, são denominados publicidades. A montagem teve um papel importante, por exemplo, nos trabalhos seminais em que esta técnica se desenvolveu, como os de Marcel Duchamp, Max Ernst, nas montagens antinazistas de John Heartfield e também na comunicação em geral. Veja como exemplo as figuras a seguir, extraídas de obras de artistas de cujas invenções formais a publicidade sabe tirar partido.

Marcel Duchamp (1887-1968), precursor dos movimentos dadaísta e surrealista, que pelo esvaziamento do sentido tradicional da arte, propôs uma inovação na construção de um novo e amplo significado, aberto e diferente para cada um. Buscou uma expressão artística mais conceitual, na qual os filtros da mente e da imaginação pudessem atuar como senso crítico-opinativo. Ele queria, com toda sua genialidade vanguardista, dar um basta às explicações fáceis e mastigadas.

Akg-Images/Latinstock e © Succession Marcel Duchamp/Licenciado por AUTVIS, Brasil, 2010.

Figura 1.1 L.H.O.O.Q. de Marcel Duchamp. Pintura sobre reprodução.

Publicidade: sua força, seu poder sugestivo 11

Max Ernst (1891-1976), um pintor alemão adepto do irracional, do onírico e do inconsciente, contribuiu, no dadaísmo, por meio de colagens e fotomontagens, com composições sugerindo a múltipla identidade dos objetos.

Album/akg-images/Akg-Images/Latinstock.

Figura 1.2 Fotomontagem de Max Ernst. Dadaísmo (*A Grande Floresta*. 1927. Óleo sobre tela, 114 x 146cm. Kunstmuseum, Basel).

E, como último exemplo, veja a seguir a fotomontagem de John Heartfield (1891-1968). Considerado o fundador da fotomontagem política, unia arte e ação política, utilizando as técnicas mais avançadas para conseguir uma maior divulgação das ideias, como pode-se constatar na figura, seguinte *Der sinn des Hitlergrusses: Kleiner Mann bittet um grosse gaben. Motto: Millionen stehen hinter mir!* (O significado da saudação de Hitler: homenzinho pedindo grandes presentes. Mote: milhões estão atrás de mim!).

John Heartfield. *Der sinn des Hitlergrusses: Kleiner Mann bitted um grosse gaben*. Fotomontagem. 1932. Akg-Images/LatinStock.

Figura 1.3 John Heartfield (1891-1968). Der sinn des Hitlrgrusses: Kleiner Mann bitted um grosse gaben.

Atualmente, possibilidades como essas surgem como uma linguagem imagética que reúne elementos visuais diferentes. Trata-se de um procedimento de linguagem que é muito facilitado atualmente pelos recursos de que se dispõe. Embora facilitem, não são determinantes, pois trata-se, antes de tudo, de estratégias recorrentes na comunicação publicitária.

Todas as formas de percepção são a matéria-prima para o profissional de comunicação publicitária. Segundo Santaella, no livro *A percepção: uma teoria semiótica*, (1998:11), "[...] pesquisas empíricas revelam que [...] 75% da percepção humana, no estágio atual da evolução, é visual. [...]. Os outros 20% são relativos à percepção sonora e os 5% restantes a todos os outros sentidos, ou seja, tato, olfato e paladar".

Conhecedores desses dados, os profissionais da área, criativos e possuidores de um vasto repertório, fazem do manejo de diversas linguagens – a verbal, seja ela escrita ou oral; a gestual; a sonora; a tátil; a gustativa; a olfativa; e, principalmente a visual – uma das estratégias mais eficientes para alcançar os objetivos da mensagem publicitária.

No manejo destas linguagens, acredita-se que trabalhar a forma para um conteúdo de caráter mais emocional possibilita que a mensagem seja transmitida por uma via sugestiva. Para gerar a adesão do receptor, a publicidade introduz, além do próprio produto, algo muito mais importante do que ele, a saber, ícones que fisgam o desejo: formas e sentimentos (visuais, sonoros, táteis, viscerais...). São esses ícones que se responsabilizam pela rede de sugestões de sentido que a mensagem publicitária é capaz de produzir no receptor. Aliás, o poder sugestivo que uma comunicação publicitária exerce pode levar o receptor a negligenciar a verdadeira razão de ser do próprio produto. Explicando melhor, nas peças publicitárias, o que aparece em predominância é "a coisa que se dá a entender, a insinuação", por meio da forma, de um desejo, e o produto propriamente dito vem em segundo plano. Isto porque "a publicidade junta tudo magicamente. Na sua linguagem, um produto vira uma loura, o cigarro vira saúde e esporte, o apartamento vira família feliz [...], a bebida vira o amor..." (Rocha, 1985: 63).

Toma-se um exemplo para ilustrar esta ideia.

Algumas marcas de cerveja no Brasil, em suas peças publicitárias, têm como protagonistas lindas mulheres e, o próprio produto, a cerveja, como coadjuvante.

Ora, o intuito é vender a cerveja, então, por que é a mulher a protagonista?

Estaria tal mulher se apresentando como um **ícone** que captura o desejo, associando-se com o agradável em um pensamento primário?

Este trabalho está voltado justamente para a exploração analítica das **estratégias de sugestão** similares às deste exemplo, estratégias estas que são partes integrantes, sem as quais as mensagens publicitárias estariam desprovidas da atração que exercem sobre o receptor. Esta reflexão se dará por meio de uma análise semiótica, baseada na teoria de Charles Sanders Peirce, pois acredita-se que seu conceito de **signo icônico** constitui um valioso instrumento para a apreensão do poder sugestivo das mensagens. Será estudado o grau de influência da iconicidade nas mensagens publicitárias e as associações que o receptor está apto a realizar por meio desses processos sugestivos.

As análises se darão no campo da comunicação publicitária por meio das mensagens de alguns produtos de consumo apresentados pela mídia revista no Brasil nos últimos anos. Porém, não há como lançar mão de exemplos, tanto de outra mídia quanto de produtos ou serviços que não sejam de consumo, para que se possa tornar nossas análises mais compreensíveis.

O ESTADO DA ARTE DE ESTUDOS SOBRE MENSAGENS PUBLICITÁRIAS

Embora haja um bom número de publicações e teses sobre publicidade, e algumas delas se aproximem da questão que aqui foi escolhida para a pesquisa, até o momento não foi surpreendido nenhum trabalho que focalize especificamente o poder sugestivo da publicidade pelo viés da semiótica. Deve-se fazer aqui uma ressalva ao livro *Semiótica aplicada* (Santaella, 2002) em que, no capítulo IV, intitulado "O potencial comunicativo da publicidade – um estudo de caso", Santaella faz uma análise semiótica de uma campanha publicitária da linha *Seda* para cabelos, voltada para a exploração do interior da mensagem publicitária sob três aspectos: (a) no que "[...] diz respeito às qualidades e sensorialidade de suas propriedades internas, como por exemplo, na linguagem visual, as cores, linhas, formas, volumes, movimento, luz etc.". (b) o que diz respeito à particularidade da mensagem. (c) o que se refere àquilo que a mensagem tem de geral, convencional, cultural. No capítulo V do mesmo livro, "Análise semiótica comparativa: embalagens de duas marcas de xampus", a autora também analisa duas embalagens de xampu sob os mesmos três pontos de vista semiótico, a saber: qualitativo-icônico, singular-indicativo e convencional-simbólico.

Embora o objeto deste livro não seja embalagem de produtos, mas a mensagem publicitária em si, uma vez que se está também fazendo uso de uma metodologia semiótica peirceana, isso em muito se beneficiará dos registros efetuados por Santaella, especialmente no que diz respeito ao primeiro aspecto, que a autora chama de qualitativo-icônico. Dá-se ênfase a isto no segundo capítulo, quando, após a apresentação dos conceitos fundamentais da semiótica peirceana, os procedimentos de análise serão discutidos.

A indicação da fonte de referência principal desta pesquisa não dispensa a necessidade de contextualizá-la no âmbito de outros trabalhos, também voltados para a publicidade, com os quais de uma forma mais próxima ou mais distante este trabalho dialoga. Everardo P. Guimarães Rocha (1985), por exemplo, apresenta uma análise antropológica da relação produto/consumo, discorrendo sobre o papel desempenhado pelo sistema publicitário nas esferas da produção e do consumo. O autor trata da relação totêmica que a publicidade traça entre o produto e o consumo. Ainda afirma que (idem, 63):

> [...] a publicidade recria a imagem de cada produto. Pela atribuição de identidade, ela os particulariza e prepara para uma existência não mais marcada pelas relações de produção. Agora, pelas marcas do mundo dentro do anúncio, o produto vive em meio a relações humanas [...].

Severiano (2001), por seu lado, relata dois exemplos de grupos de discussão, resultado de um trabalho de pesquisa, no Brasil e na Espanha, que são muito ilustrativos à questão. Veja:

> **Voz da produção**: a publicidade [...] tem esse lado básico: se ela não atinge o emocional, ela não passa a informação concreta"; "quanto menos você tiver texto, melhor [...] você não tem tempo pra tá explicando e ninguém tem tempo pra te ouvir;

> A publicidade não deixa tempo pra pensar, não é pra pensar, propaganda não pode fazer você pensar, começou a pensar demais não consome, entende? [...] eu tenho que entrar nas entranhas do seu desejo e o desejo é uma coisa que não se pensa; *La publicidad es olor, la publicidad es color [...] la publicidad se está diciendo a si misma siempre: "soy publicidad". Tu ya sabes cuando te paras aqui que te están queriendo persuadir.*
>
> **Voz do consumo**: mas o que eu acho interessante em todas as propagandas é ter sempre gente bonita, bem vestida, geralmente jovens. E sempre em clima de harmonia. O que mais me prende é a imagem, aquele som, a música; *Yo creo que cuando vês el anuncio no te pones a pensar ni mada. A lo mejor si juega com um simbolismo [...] pero que yo creo eso, que te vês el anuncio y rapidamente no te pones a pensar.*

Várias dissertações de mestrado e teses de doutorado tratam da publicidade em seus diversos aspectos. É o caso, por exemplo, da dissertação de Christiansen, intitulada *Publicidade. Trilha-Armadilha* (PUC-SP, 1986), que mostra o processo de comunicação publicitária, descrevendo os procedimentos persuasivos e referenciais que manipulam "[...] sutilmente os receptores/consumidores. Na sutileza está sua força". Eis um pequeno trecho desta dissertação:

> A mensagem publicitária, utópica por excelência, é sempre hiperbólica. Construída em termo de um advérbio e de um adjetivo, mais e melhor, trabalha apenas expectativas róseas. O cenário cinzento merece destaque estratégico, isto é, ele está presentificado nos anúncios para ser ultrapassado, ou até mesmo para reforçar o futuro que será incomparavelmente melhor.

Outra dissertação que merece destaque é a de Ivan Ferraz Filho: *Estratégias de persuasão em propaganda: cognição e consciência* (PUC-SP, 2002), na qual o destaque principal se dá na relação do homem contemporâneo com os meios, sobretudo o audiovisual, no que tange o trabalho publicitário.

Percepção subliminar: o poder sedutor das mensagens indiscerníveis é título da dissertação de mestrado de Sônia Maria M. do Nascimento (PUC-SP, 2001). Esta poderá contribuir para este trabalho, principalmente quando trata do "Pensamento primário", que é definido como "[...] pensamento associativo, um pensamento primário, elementar, que através de associações livres, não por argumentações racionais, funciona por contiguidade ou semelhança". Este tópico será de importância para as análises.

Marco Antonio Batan destina uma parte do capítulo II de sua tese de doutorado, *Propaganda: o domínio através do som. Estudo da influência do som nos comerciais de TV* (ECA/USP, 1992), para falar da influência do som publicitário em busca da persuasão. O autor trata de mecanismos de sugestão através do som, procurando mostrar como as músicas (trilhas sonoras) de *rock* nas publicidades do refrigerante Coca-Cola, nos anos 1990, foram utilizadas para fazer uma ponte entre o refrigerante e a nova geração. Afirma que "sugestão pode ser obtida por meios que façam apelos aos sentidos", e que "o som é o grande responsável pelo mecanismo de sugestão".

Encontra-se também na tese de doutorado de Soraya Ferreira, *O poder apelativo da Coca--Cola. Estudo da semiose das peças televisivas "Sempre Coca-Cola"* (PUC-SP, 1997), uma excelente ferramenta que, sem dúvida, contribuirá para a análise nos próximos capítulos. A autora apresenta, além de elaborada análise semiótica das peças publicitárias da Coca-Cola, um conjunto de definições e terminologias sobre assuntos concernentes a um processo de comunicação publicitária (imagens, mídias, entre outros) e deixa um roteiro, muito bem elaborado, intitulado *Procedimento metodológico semiótico*, fruto de anotações de um curso proferido por Santaella sobre metodologia semiótica.

Há um bom número de análises de publicidade efetuadas por outras linhas semióticas, principalmente a discursiva-narrativa, que trabalha o campo publicitário a partir de conceitos extraídos da linguística e do estruturalismo.

É o caso, por exemplo, do artigo de Jean-Marie Floch: *Semiótica plástica e linguagem publicitária,* publicado na Revista Significação (1987, 6: 29-50), em que o autor faz uma "desconstrução" de um anúncio, da década de oitenta, da campanha de lançamento do cigarro *NEWS*, para poder demonstrar, através do isolamento da dimensão plástica, as relações e as articulações desta com a dimensão figurativa e também com o enunciado linguístico que o anúncio comporta.

Na publicação brasileira de *A Sociedade Refletida: ensaios de sociossemiótica* (Landowisk, 1992: 103-115), percebe-se, no capítulo V, "Encenação publicitária de algumas relações sociais", a preocupação do autor em abordar semioticamente o discurso da publicidade no que tange às relações sociais. Leia um pequeno trecho:

> Nessa perspectiva, o discurso publicitário nada mais é que um discurso social entre outros e que, como os outros, contribui para definir a representação que nós nos damos do mundo social que nos rodeia. Mas, ao mesmo tempo, combinando texto e imagem, esse discurso social é talvez um dos lugares privilegiados para a figuração, no sentido mais concreto do termo, de certas relações sociais.

Seguindo ainda essa linha da semiótica discursiva, há no livro *Analyser la communication. Comment analyser les images, les medias, la publicité* (Semprini, 1996: 206-264) uma parte dedicada à publicidade. Nesta, o autor faz um traçado histórico e uma análise social por meio da semiótica discursivo-narrativa, usando como ponto de referências as campanhas polêmicas da Benetton (as do fotógrafo Oliviero Toscani).

Um bom material, ainda sobre esta linha semiótica, está disponível nas publicações do *Caderno de Discussões do Centro de Pesquisa Sociossemióticas* (PUC-SP, USP, CNRS), em especial na sua edição de 2002, na qual se podem encontrar, entre outros, três artigos que trabalham o tema publicidade. São eles: *Publicidade e contra-publicidade* (Camargo et Nascimento: 63-81), *Entre o social e o estético: análise de campanhas publicitárias de cerveja* (Oliveira et Landowski: 415-433) e *As identidades e o "novo" enunciado: discurso sobre o "novo" na publicidade* (Ciaco: 463-481).

Ao fim e ao cabo, percebe-se uma constante preocupação em entender o mundo da publicidade, dada a importância indiscutível que este exerce sobre as pessoas que vivem em um mundo com maciça presença de comunicação publicitária em todos os ambientes. O entendimento de aspectos deste tipo de comunicação contribui para a compreensão da cultura atual e das funções, nem sempre evidentes, que a publicidade nela desempenha. A publicidade, assim como outras formas de comunicação de massa, está inserida no universo sociocultural, podendo ser vista inclusive como um sintoma deste universo, apresentando ardis que ultrapassam, de longe, a simples venda de produtos, uma venda, de resto, que, sem esses ardis, não teria tanta eficácia, pois é de eficácia sígnica que estamos falando.

Muito embora dentro de objetivos similares, nenhum dos trabalhos apresentados está totalmente voltado para aquilo que preocupa, a saber, identificar as **estratégias de sugestão** que são empregadas na produção de uma comunicação publicitária, enfatizando as diferentes facetas da iconicidade como recursos estratégicos para atingir o receptor.

Métodos e metodologias diferentes podem ser aplicados a esta matéria. Aqui optou-se pela linha da semiótica peirceana devido às exigências impostas pelo objeto de pesquisa. Como será desenvolvida em mais detalhes no Capítulo 2, a constituição triádica da noção de signo peirceano permite analisar, de um lado, sua face de significação; de outro, sua face referencial, e, para aquilo que é mais importante, a síntese de ambas as faces na sua terceira face, a interpretativa, isto é, a dos efeitos que o signo pode produzir no receptor. Além disso, a minuciosa classificação dos signos e as facetas da iconicidade em Peirce permitem analisar processos sígnicos de ordem sugestiva e emocional que lhes são próprios.

CAPÍTULO 2

Um breve percurso
pela teoria semiótica
de Charles Sanders Peirce

Para gerar a adesão do receptor, a publicidade transmite, com o produto, algo que às vezes se destaca muito mais do que ele, como formas e sentimentos (visuais, sonoros, táteis, viscerais...), o que se pode denominar ícones. Entendida assim, a publicidade apresenta funções que ultrapassam a simples venda de produtos.

Será analisado a seguir o grau de influência da iconicidade nas mensagens publicitárias e as associações que se dá para realizar por meio desses processos sugestivos.

Para discorrer a respeito de iconicidade, é importante situar os termos da semiótica peirceana. Para tanto, procura-se apresentar de modo breve (visto que este não é um livro específico sobre a obra de Peirce) aquilo de mais relevante para o entendimento desta proposta.

Para Peirce, o primeiro passo para um estudo filosófico é o fenomenológico. Começa, então, pela classificação das ciências, a partir dos quais constrói sua arquitetura filosófica, que começa na fenomenologia e em cujo núcleo situa-se a semiótica.

A **fenomenologia**, ou *phaneroscopia* (termo preferido por Peirce), tem origem na palavra grega *phaneron* que, em português, significa fenômeno. Faneroscopia é a descrição do fenômeno, e por fenômeno Peirce entende tudo que se apresenta à percepção e à mente.

É por meio da fenomenologia que Peirce vai demonstrar como enfrentar uma das tarefas mais difíceis da filosofia: encontrar as categorias mais universais da experiência. Ele chega a três categorias formais e universais por ele chamadas de primeiridade, secundidade e terceiridade, respectivamente.

Primeiridade (*firstness*) é o modo de ser daquilo que é tal como ele é, sem referência a qualquer outra coisa. No seu aspecto psicológico, é pura qualidade de sentimento. É aquele momento de suspensão do pensamento, é a consciência aberta, porosa, disponível para aquilo que a ela se apresenta, pura presentidade.

Secundidade (*secondness*) é o modo de ser daquilo que é em relação a um segundo. Em termos psicológicos, reporta-se à nossa consciência em constante reagir com o mundo. Onde há um fenômeno, há uma qualidade (primeiridade), mas esta é apenas uma parte daquele que para ganhar uma existência tem de, necessariamente, incorporar-se em um existente, em uma matéria. É nesta corporificação que se dá a secundidade. Em seu aspecto mais proeminente, a secundidade seria o momento da surpresa, do choque, do conflito. É quando, inesperadamente, muda-se o rumo das expectativas quando algo diferente do que se esperava surge em seu lugar.

Finalmente, a terceiridade (*thirdness*) é o modo de ser daquilo que se coloca em relação recíproca a um primeiro e a um segundo "numa síntese intelectual [...] pensamento em signos [...]" (Santaella, 2001: 51).

De fato, a forma mais simples da terceiridade encontra-se na noção do signo. O signo é, portanto, uma relação triádica, na qual a ação do signo ou semiose, que é a ação de ser interpretado em um outro signo, realiza-se. Duas citações:

> Um signo, ou *representamen*, é aquilo que, sob certo aspecto ou modo, representa algo para alguém. Dirige-se a alguém, isto é, cria na mente dessa pessoa, um signo equivalente, ou talvez, um signo mais desenvolvido. Ao signo assim criado, denomino *interpretante* do primeiro signo. O signo representa alguma coisa, seu *objeto*. Representa seu objeto não em todos os seus aspectos, mas com referência a um tipo de ideia que eu, por vezes, denominei *fundamento do representamen*. (Pierce, 1974)
>
> Um signo intenta representar, em parte, pelo menos, um objeto que é, portanto, num certo sentido, a causa ou determinante do signo, mesmo que o signo represente o objeto falsamente. Mas dizer que ele representa seu objeto implica que ele afete uma mente de tal modo que, de certa maneira, determina, naquela mente, algo que é mediatamente devido ao objeto. Essa determinação da qual a causa imediata ou determinante é o signo e da qual a causa mediada é o objeto pode ser chamada de interpretante. (Pierce, 1974)

Há inúmeras definições de signo. Peirce ensaiava essas definições na necessidade de se fazer entender. Na citação a seguir, extraída de um manuscrito inédito, a ação do signo é mais especificada, o que permite uma compreensão mais clara dos termos.

> Um Signo, então, é toda coisa, seja ela um Atual ou um Talvez ou um Seria, que afete um espírito, seu intérprete, e que dirige a atenção deste intérprete sobre qualquer objeto (Atual, Talvez ou Seria) o qual já está contido na esfera de sua experiência; e, à parte desta ação puramente seletiva de um Signo, ele tem o poder de estimular o espírito (seja diretamente pela imagem ou pelo som, ou indiretamente) em qualquer gênero de emoção, ou a um esforço de qualquer espécie ou a um pensamento [...]. (Pierce, 1996)

ABRINDO O SIGNO

Já definido signo, tenta-se dissecá-lo. Na teoria peirceana, o signo tem dois objetos: o dinâmico e o imediato:

> Agora acho-me preparado para fornecer minha divisão dos signos, após assinalar que um signo tem dois objetos, o objeto tal como está representado e o objeto em si próprio. (Pierce, 1974)

Do objeto dinâmico (o objeto em si próprio) pode-se dizer que é tudo aquilo sobre o qual pode-se pensar ou falar, ou, ainda, o tema que determina o signo.

Hardwick (1977: 83-84, apud Santaella 2000: 44) apresenta três modalidades do objeto dinâmico:

> [...] o Objeto Dinamoide pode ser um Possível, quando chamo o signo de um *Abstrativo*, tal como a palavra *Beleza*; e continuará sendo um abstrativo se eu falar "o Belo", uma vez que é a referência última e não a forma gramatical que torna um signo *Abstrativo*. Quando o Objeto Dinamoide é uma ocorrência (coisa Existente, ou fato atual do passado ou futuro), chamo o signo de *Concretivo*. Para o signo cujo Objeto Dinamoide é um Necessitante, não tenho designação melhor do que *Coletivo*, que não é um nome tão ruim quanto soa, se o assunto for estudado.

O objeto dinâmico está fora do signo, anterior e independente dele. Já o imediato (o objeto tal como está representado) é aquele aspecto que o signo recorta do objeto dinâmico ao representá-lo.

O objeto imediato está dentro do signo, no próprio signo. Lê-se Peirce:

> Suponhamos, por exemplo, que eu acorde pela manhã antes da minha esposa. Que ela acorde em seguida e me pergunte: "como está o tempo?" Esta pergunta é um signo cujo objeto (imediato) tal como está expresso é o tempo naquele momento, e cujo objeto dinâmico é a impressão que tive por meio de uma olhadela através da cortina. Suponhamos que eu responda: "O tempo está feio". Eis aqui um outro signo. Seu *Objeto Imediato* é a noção do tempo presente na medida em que se trata de qualquer coisa que é comum à ela e a mim mesmo – não quanto a seu *caráter*, mas quanto à sua *identidade*. O *Objeto Dinâmico* é a *identidade* das condições meteorológicas reais e atuais do momento. (Pierce, apud Tiercelin, 1993. Tradução Roberto Chiachiri)

O signo tem também três interpretantes: imediato, dinâmico, e final, isto é, "o interpretante enquanto representado, para ser entendido, o interpretante enquanto produzido, e o interpretante em si próprio" (Pierce, 1974); ou, ainda, o imediato é tudo aquilo que um signo está apto a produzir numa mente interpretadora. O dinâmico é aquilo que o signo efetivamente produz em cada mente singular. Ou seja, "[...] a experiência obtida em cada ato da interpretação e que é, a cada vez, diferente a qualquer dos interpretantes [...]" (Pierce, p. 111, apud Tiercelin, 1993. Tradução Roberto Chiachiri). O interpretante dinâmico pode manifestar-se de três maneiras: emocional (a audição de uma música, por exemplo), energético (quando se exige um certo esforço), lógico (regra interpretativa /lei como princípio guia) (Santaella, aula de 2 jun. 2003 – COS – PUC-SP).

O interpretante final (em si) consiste não apenas no modo como a mente reage ao signo, mas no modo como qualquer mente reagiria, dadas certas condições, ou, ainda, "o resultado interpretativo ao qual todo intérprete é intencionado a chegar se o signo for suficientemente considerado". (Pierce, apud Tiercelin, 1993. Tradução Roberto Chiachiri)

Toma-se, mais uma vez, o exemplo que Peirce dá (citação anterior) quando da pergunta de sua esposa sobre o tempo (aqui em seu aspecto climático):

> O Interpretante Imediato do signo "como está o tempo?" é o que a pergunta expressa, *tudo* que ela expressa imediatamente. [...] seu Interpretante Dinâmico, trata-se da resposta que Peirce dá a sua esposa, ou seja, o efeito atual que o signo tem sobre ele, seu intérprete. Enfim, seu Interpretante Final [...] é o objetivo que sua esposa tinha quando efetuou a pergunta, isto é, o efeito que terá a resposta de Peirce sobre os planos que sua esposa poderá traçar para o desenrolar do seu dia. (Pierce, apud Tiercelin, 1993. Tradução Roberto Chiachiri)

O fundamento do signo é aquilo que lhe dá o poder de funcionar como tal. O signo não representa seu objeto em todos os seus aspectos, e sim por referência a uma ideia que é o fundamento do signo. Este fundamento pode ser uma qualidade, um existente ou uma lei. É, pois, como o signo se refere a seu objeto sob algum aspecto ou caráter.

O signo em relação a si (o modo como se apresenta) pode ser uma mera qualidade, um quali-signo; pode ser um existente, um sin-signo; ou pode ser uma lei, um legi-signo. Em relação a seu objeto dinâmico, um signo é um ícone que aparece como uma simples qualidade, apresenta em si qualidades similares às do objeto que representa; é um índice se mantém uma conexão física ou relacional com seu objeto, e é símbolo se mantém uma relação de lei com seu objeto.

Em relação com seu interpretante lógico, ele pode ser um tema, ou seja, uma hipótese, uma conjectura; pode ser um dicente, isto é, um existente concreto, ou um argumento, conjunto de símbolos dicentes (premissas e conclusão).

O quali-signo é uma qualidade que é um signo. Tem a natureza de uma aparência e, como tal, tem grande poder de sugestão. É, por exemplo, a qualidade da cor dourada que pode sugerir uma qualidade de riqueza, de prosperidade, de nobreza. Os quali-signos corporificam-se em um existente singular, ou sin-signo. Quanto ao legi-signo, é um signo que é lei, na maior parte das vezes convencional, arbitrado. O amarelo da bandeira do Brasil simboliza a riqueza que este país possui(ía).

Em relação a seu objeto, o quali-signo é um ícone, quer dizer, um signo com uma propriedade monádica, ou seja, pura qualidade, primeiridade. Ele age como signo quando mostra uma qualidade que é similar à do objeto a que se reporta.

Há três níveis de iconicidade, a que Peirce chamou de hipoícones:

Hipoícone-imagético – de primeiro nível (ou ícone-imagem): é um signo que representa um objeto porque possui um conjunto de qualidades aparentes, similares às de seu objeto. Um ícone-imagem não é necessariamente um ícone visual. Sendo a imitação de uma aparência, encontra na visualidade seu modo privilegiado de realização, mas não se restringe a ela. Exemplos: desenhos e pinturas figurativas são imagens, como também o são aquelas que se cria na mente: uma criança, ao brincar de motorista de um veículo qualquer, coloca suas mãos na forma de um volante (um ícone visual) e emite um som que é um ícone-imagem sonoro de um motor em marcha.

Hipoícone-diagramático – de segundo nível (ou ícone-diagrama): é um signo que representa seu objeto porque apresenta semelhança com as relações internas deste. "Não são mais aparências que estão em jogo aqui, mas as relações internas de algo que se assemelha às relações internas de uma outra coisa". (Santaella, 2000: 120). Gráficos de qualquer espécie são diagramas.

Hipoícone-metafórico – de terceiro nível (ou ícone-metáfora): é um signo que apresenta uma relação de semelhança de significado, conceitual; são as metáforas verbais, por exemplo, "Iracema, a virgem dos lábios de mel [...]" (José de Alencar). "[...] e deixou ver os peitos virgens – dois botões puríssimos de magnólia onde havia pousado um casal de abelhas rubras [...]" (Coelho Neto, in *Rapsódias*).

> São índices: termômetros, cata-ventos, relógios, barômetros, bússolas, a Estrela Polar, [...], o furo de uma bala, um dedo apontando, fotografias [...], uma batida na porta, os olhares e entonações da voz de um falante [...], pronomes demonstrativos [...], pronomes possessivos [...], pronomes relativos[...], direções ou instruções para um ouvinte ou leitor etc.". (Santaella, 2000: 121)

Ainda na relação com o objeto, um símbolo é um signo que mantém uma relação baseada em uma lei de representação. O símbolo

> [...] não representa seu objeto em virtude do caráter de sua qualidade (hipoícone), nem por manter em relação ao seu objeto uma conexão de fato (índice), mas extrai

seu poder de representação porque é portador de uma lei que, por convenção ou pacto coletivo, determina que aquele signo represente. (Santaella, 2001:67)

Todas palavras, sentenças, livros e outros signos convencionais são Símbolos. Falamos de escrever ou pronunciar a palavra homem, mas isso é apenas uma réplica que é pronunciada ou escrita. A palavra, em si mesma, não tem existência, embora tenha ser real, consistindo em que os existentes deverão se conformar a ela. É um tipo de sucessão de sons, que só se torna um signo pela circunstância de que um hábito ou lei adquirida levam as réplicas, a que essa sucessão dá lugar, a serem interpretadas como significando um homem. Tanto as palavras quanto seus signos são regras gerais, mas a palavra isolada determina as qualidades de suas próprias réplicas. (Pierce, 1974)

	Signo em relação com ele mesmo	Signo em relação com seu objeto dinâmico	Signo em relação com seu interpretante (lógico)
PRIMEIRIDADE	quali-signo	ícone	rema
SECUNDIDADE	sin-signo	índice	dicente
TERCEIRIDADE	legi-signo	símbolo	argumento

CAPÍTULO 3

As estratégias
para a produção
de efeitos sugestivos

Neste capítulo são analisadas algumas peças publicitárias criadas para ser veiculadas na mídia revista. Ser-lhes-á aplicada uma análise semiótica com o objetivo de evidenciar os recursos semióticos, notadamente icônicos, que são colocados em ação para a produção de efeitos sugestivos através dos quais uma publicidade pode atingir o resultado pretendido de sua mensagem.

Para tal, recortam-se dois aspectos do signo icônico da teoria peirceana, que são os conceitos de hipoícone-imagético e hipoícone-metafórico, e o conceito sintático de montagem.

Procura-se seguir um modelo de aplicação geral para as peças com o intuito de facilitar sua leitura e compreensão. Trata-se do fundamento do signo em seus três aspectos, a saber: em seu caráter qualitativo, nos seus quali-signos, seu caráter existencial, nos seus sin-signos, e seu caráter geral (leis, normas), nos seus legi-signos.

O signo mirando seus objetos será analisado, o objeto dinâmico que é, para recordar o que já foi visto no capítulo anterior, aquilo que determina o signo, e o objeto imediato, que é o aspecto do objeto dinâmico que está corporificado dentro do signo. É isto que dá ao signo o poder de apresentar, indicar ou representar seu objeto. Em seguida, serão analisados os interpretantes do signo, o imediato, tudo que o signo pode estar apto a produzir numa mente interpretadora, o dinâmico, a mente interpretadora (o intérprete) e o final, o modo como qualquer mente poderá reagir ao signo.

Foram escolhidas como estratégias de análise os dois tipos de hipoícones por se tratar de subdivisões do ícone que, por não representar nada, ser somente qualidades e possibilidades, apresenta um alto grau de sugestão.

Como já foi comentado no capítulo anterior, o hipoícone-imagético, ou ícone-imagem, é um signo que representa um objeto porque possui um conjunto de qualidades que seu objeto também contém; é a imitação de uma aparência do seu objeto. O hipoícone-metafórico, ou ícone-metáfora, apresenta uma semelhança conceitual com seu objeto. A montagem, como sabemos, utiliza-se de diversas linguagens, imagens ou fragmentos delas, textos escritos e outros em um recurso formal, gerando novas imagens que podem compor um novo significado. Ou seja, é a forma montando o conteúdo.

Observa-se como recursos de montagem são utilizados nestas peças para conseguir construir as estratégias de sugestão. Melhor explicando, como a estratégia da montagem compõe o conteúdo sugestivo das publicidades analisadas, acionando os hipoícones antes citados. Deve-se também salientar que foi escolhida a mídia revista, pois a identificação do leitor com este veículo que escolheu para sua leitura é muito grande, o que já proporciona um certo grau de credibilidade em um anúncio nele veiculado. Por também possuir caráter seletivo, o leitor busca certa revista de acordo com um interesse específico, por isto uma publicidade em revista atinge mais facilmente seu público-alvo. A publicidade em revista se beneficia de um "[...] clima adequado para tratar de assuntos específicos [...]" (Sampaio: 1999, p. 91).

As publicidades do isotônico Gatorade, da linha de calçados Timberland, do azeite de oliva Borges, do vinho brasileiro Miolo e das tintas Suvinil Toque de Seda constituirão o *corpus* da análise.

Inicia-se, então, o trabalho.

Publicidade do isotônico Gatorade

AlmapBBDO

Figura 3.1 Publicidade do isotônico Gatorade.

Procura-se analisar a peça publicitária da bebida isotônica Gatorade veiculada em revista.

Configura-se em uma página de papel couchê fosco, onde estão impressas imagens pictóricas e texto verbal escritos sobre uma superfície de cor cinza-clara.

Uma reprodução fotográfica de uma embalagem da bebida isotônica da marca Gatorade ocupa verticalmente o centro da página, como também reproduções fotográficas de algumas manchas nela distribuídas, constituindo um contraste figura/fundo.

Faz parte também desta peça um texto verbal escrito, o título, no canto superior esquerdo – "Para repor o que você perde com o suor, nada funciona melhor do que Gatorade" – e outros três blocos de texto verbal apostos sob este título: "Reidrata. Nada devolve o líquido ao seu corpo melhor do que Gatorade, pois tem a combinação ideal de sais minerais e carboidratos". "Repõe. Gatorade repõe o sódio e o potássio que ajudam a manter o seu corpo melhor hidratado e a prevenir cãimbras." "Reabastece. Gatorade reabastece o seu corpo com carboidrato, importante fonte de energia para os músculos em movimento durante o exercício."

As estratégias de sugestão, que aqui se pretende mostrar e que compõem esta peça publicitária, não estão somente em cada característica unitária, mas também em um todo, em um hibridismo de linguagens, ou seja, em uma junção de linguagens diferentes (visuais pictográficas e verbais) no intuito de compor um sentido global. Percorra-se o signo.

Os quali-signos, que dão fundamento de primeiridade ao signo, estão nas qualidades das cores laranja, verde, cinza, somente como qualidades, possibilidades.

Um quali-signo, como visto no Capítulo 2, é uma qualidade que é um signo, uma mera qualidade, uma possibilidade, que tem a natureza de uma aparência, "[...] mera apreensão sensória" (Santaella, 2002: 89). Seus sin-signos, quali-signos que inerem em um existente singular, são as reproduções fotográficas da garrafinha de Gatorade e das manchas, o cinza que se corporifica no papel couchê da página de uma revista. Seus legi-signos, aquilo que se constitui em norma, regras, leis e mesmo arbitrariedade, estão nos textos escritos e no logotipo do produto (nota-se aqui um logotipo constituído, além de quali-signos, pela figurativização de um raio, símbolo de energia), bem como na textura e brilho (neste caso fosco) típicos do papel couchê e a própria classe de anúncio publicitário.

Veja, pois, a reprodução fotográfica da embalagem do Gatorade. Nela pode-se observar ela mesma, um sin-signo-icônico, ou seja, um signo que traz características semelhantes às de um outro existente fora dele, um hipoícone-imagético da própria embalagem da bebida; este é o signo representando seu objeto por possuir um conjunto de qualidades que este objeto contém.

As cores que esta embalagem traz sugerem o sabor do seu conteúdo. Seus quali-signos – as qualidades da cor verde e da cor laranja – sugerem o sabor de uma fruta cítrica. Aqui sabemos tratar-se do sabor tangerina, pois esta informação vem inscrita no rótulo do produto, o que reitera a observação anterior. Ainda sobre esta reprodução fotográfica podemos observar imagens de gotículas d'água em toda superfície do recipiente, sugerindo, assim, um caráter de refrescância e de hidratação que o produto oferece.

As reproduções fotográficas de manchas, outros hipoícones-imagéticos, apresentadas em cor cinza um pouco mais escura do que a da página que as sustenta, em formas de gotas de suor, uma mescla de tons mais claros de cinza, em conjunto com uma figurativização de transparência (vê-se nestas manchas imagens de textos impressos, espelhados como se pertencessem ao verso da página), nos remete a este aspecto molhado, de suor, gotas de suor. Os legi-signos, na forma dos textos verbais escritos, trazem frases que, aderidas ao contexto geral da peça publicitária, ou seja, na relação palavra-imagem, compõem com as imagens a sugestão maior desta publicidade: para um esportista/atleta, "Nada funciona melhor" (*slogan* do Gatorade), "Nada devolve líquido a seu corpo melhor", "[...] manter o seu corpo melhor hidratado" do que Gatorade. E, melhor, em um sentido amplo. Melhor no sabor, melhor nas funções restauradoras do organismo, melhor que a concorrência.

Tudo gira em torno da temática de hidratação. A peça sugere um ambiente úmido, orgânico. Aquosidade essencial à vida e à reposição garantida por Gatorade.

A bebida isotônica Gatorade e os benefícios que ela propicia constituem o objeto dinâmico, o objeto em si próprio. É ele, pois, que determina o signo e que neste está, em parte, representado. Vejamos os caminhos desta representação. O aspecto que o signo recorta do objeto dinâmico ao representá-lo constitui-se no objeto imediato, este que está dentro do signo, que pode ser uma sugestão, uma alusão ao objeto dinâmico. É, pois, "[...] o objeto tal como o signo permite que o conheçamos" (Santaella, 2000: 40). Em um primeiro nível, o objeto imediato indica o dinâmico, pois trata-se aqui de uma foto da própria bebida. Entretanto, o nível mais importante do objeto imediato está no seu aspecto icônico e naquilo que o ícone é capaz de sugerir, que diz respeito aqui ao caráter de umidade, de hidratação do corpo, de sabor cítrico, da necessidade aquosa que, em um entrelaçar icônico/indicial, faz chegar a um interpretante dinâmico, ou seja, a uma mente interpretadora – um intérprete –, neste caso, o público-alvo desta publicidade (esportistas, atletas, amantes de práticas de atividades físicas), a preocupação em manter seu corpo hidratado com um produto de sabor agradável, semelhante a um suco de fruta (neste caso, tangerina) e que supre a perda de componentes vitais causada pelo esforço físico.

Há uma predominância da associação por contiguidade no mecanismo desta interpretação. O processo interpretativo implica um interpretante imediato, que permite que o signo tenha sua própria interpretabilidade mesmo antes de ter um intérprete, ou seja, toda a apresentação de imagens, toda relação imagem-palavra que o tornam apto a produzir um efeito em uma mente interpretadora, este efeito sendo aqui a sugestão de reposição de água, tangerina, suor, refrescância.

Pelo ineditismo, pela constante aparição nas mídias, pela insistente força publicitária e outras estratégias de criação de hábito, tal como Xerox já é sinônimo de fotocópia, Bombril, de esponja de aço, Gatorade é sinônimo de bebida isotônica. Só Gatorade oferece hidratação, é a melhor opção para a reposição aquosa para o organismo, constitui-se no interpretante lógico deste signo.

Tem-se como premissa maior: meu corpo precisa de hidratação, e premissa menor: Gatorade garante esta hidratação; conclusão: meu corpo precisa de Gatorade.

Vale também observar um hipoícone-diagramático (homenzinho, ao beber Gatorade, mostrando o efeito da hidratação no corpo humano) que, em conjunto com as imagens das gotas de suor, compõe uma metáfora de alta hidratação.

A partir desta análise, o que se quer dizer é que, ao se deparar com este anúncio, o leitor, de modo geral, sendo o público-alvo ou não, pode perceber como o poder da imagem, traduzido pelos seus hipoícones-imagéticos, com as estratégias da montagem em seu hibridismo de linguagens, compõe, no seu conjunto, a fagulha metafórica na construção das estratégias de sugestão desta peça. Ou seja, quando se olha esta publicidade, consegue-se, em um primeiro instante, pelo menos perceber o caráter "aquoso" (molhado) que ela transmite. Para o público-alvo, muito provavelmente já possuidor de um repertório para a compreensão do que aqui se deseja, esta interpretação pode se tornar mais evidente. Ele, o *target*, pode perceber os benefícios causados por Gatorade para a reidratação do corpo com o prazer do sabor agradável que este isotônico oferece.

O que se supõe é que a marca Gatorade espera e procura um consenso entre o público em geral de que este produto é o melhor.

Retoma-se em breves linhas as três estratégias que se revelaram na realização desta análise.

Pode-se observar, por intermédio dos *hipoícones-imagéticos*, das reproduções fotográficas da embalagem de Gatorade e das manchas em forma de gotas de suor, do *hipoícone-metafórico*, a alta hidratação representada pelo diagrama do homenzinho em conjunto com as "gotas de suor" e a junção, por meio de um processo de *montagem* entre esses elementos e das estratégias de sugestão, que esta peça publicitária propõe para levar o seu público-alvo a concluir que Gatorade é a melhor resposta para sua necessidade.

Publicidade da linha de calçados Timberland

60   O poder sugestivo da publicidade: uma análise semiótica

Figura 3.2   Publicidade da linha de calçados Timberland.

Tem-se uma publicidade de página dupla de revista, também em papel couchê fosco. É uma peça que se encontra entre as melhores do ano de 2001 eleita pelo Prêmio Folha/Revista da Criação de Publicidade.

De início nota-se a ausência de texto verbal. O que predomina neste anúncio é toda sua composição pictórica. Veja como isto se apresenta no seu aspecto existencial.

Tem-se uma página dupla com cores de tons terracota/alaranjados e marrons. Ocupando a maior parte da região central desta página observa-se a reprodução fotográfica de um par de meias em que a parte que abriga os pés (popularmente chamada de pé da meia) se apresenta na cor predominantemente branca com algumas manchas amarronzadas; aproximadamente um quarto do cano da meia, aquela que se encontra geralmente fora do sapato, apresenta-se em cores marrons. Na área ótica terminal do anúncio, ou seja, na parte destinada à assinatura do produto, encontra-se impresso o logotipo da empresa Timberland e uma reprodução fotográfica de um par de calçados esportivos (linha característica desta marca) em cores sépia, ou melhor, não é uma reprodução de uma foto colorida. Um contraste figura/fundo é formado pela composição das reproduções fotográficas e as características da base que as sustenta, a página da revista.

A parte que mais se destaca nesta peça é a reprodução fotográfica do par de meias. Esta se apresenta da seguinte forma: o pé da meia, que na maior parte do tempo fica no interior do calçado, aparece com a predominância da cor branca e com um aspecto de uma meia em estado de pouco uso; já a parte do cano da meia que fica exposta, do lado de fora do calçado, apresenta-se com um aspecto surrado, gasto, esgarçado, sofrível e imundo.

A descrição acima aborda aspectos do fundamento do signo com atenção voltada para o sin-signo. Ponto, talvez, mais marcante neste fundamento são estes sin-signos. As indicações que estas reproduções fotográficas, sobretudo as do par de meias com a reprodução fotográfica do calçado Timberland trazem, são de suma importância para fazer chegar à mente de um intérprete a mensagem que esta publicidade propõe, e que será indicada à frente.

O logotipo da marca é o único legi-signo presente na composição desta publicidade, único se não for levado em conta a própria página que, como classe publicitária, também se constitui num legi-signo.

No tocante aos quali-signos, a peça oferece as qualidades das cores terracota/alaranjadas, na das cores e tonalidades do marrom, na qualidade do sépia, nos aspectos de brilho, resultado de um jogo de luz e sombra.

O objeto dinâmico deste signo são os calçados Timberland e, principalmente, as ideias de proteção e segurança que eles trazem. Seu objeto imediato é aquilo que ele intentará representar pelas ideias de liberdade, resistência, impermeabilidade e ação.

Como já citado, nota-se total ausência de textos verbais escritos. Diante deste fato, o que se pode afirmar é que a composição da mensagem utilizará estratégias de sugestão por meio, apenas, de montagens pictóricas. Serão hipoícones-imagéticos construindo outros metafóricos. Melhor dizendo, são as imagens que comporão, em suas relações, as metáforas para a perfeita compreensão desta mensagem publicitária.

Esmiuçando esta afirmação, pegue a reprodução fotográfica do par de meias. O pé da meia com sua cor predominantemente branca se mostra em bom estado de uso, como antes observado. Este bom estado de uso marca bem o contraste com o pedaço do cano da meia que se apresenta com cores características de barro, de sujeira, como se tivesse enfrentado terrenos íngremes num uso excessivo. Observa-se também uma figurativização de pedaços esgarçados, até mesmo rasgados, nesta parte das meias. Há, então, uma divisão bem demarcada entre as duas partes, a do pé da meia e a do cano, como que se o divisor de águas fosse o limite de alcance do calçado, este protegendo a parte branca e não se responsabilizando pelo resto da meia. Ou seja, deixando a entender que este calçado cumpre seu papel de proteção total para os pés.

Porém, a ausência de um texto escrito, neste caso, só é possível porque outro sin-signo icônico, o hipoícone do par de calçados Timberland, faz parte da composição do anúncio. A relação entre as imagens possibilita a criação de uma metáfora. Não fosse a presença da reprodução fotográfica dos sapatos, esta publicidade não seria eficiente. Talvez nem pudesse ser considerada como tal.

Espera-se, em relação ao público-alvo desta campanha, seu interpretante dinâmico, que os efeitos a serem produzidos nos amantes de esportes de aventura, como *biking*, corrida de aventura, montanhismo, *off-road*, *rafting* e canoagem, *trekking*, entre outros, possam assimilar aquilo que o interpretante imediato do signo está apto a produzir na mente dos intérpretes. Numa predominância da dimensão emocional do interpretante imediato, pelo mecanismo de contiguidade, pretende-se que o público-alvo perceba o caráter de segurança, confiança, qualidade, adequação e proteção dos calçados Timberland.

No nível de um interpretante lógico tem-se como premissa maior: Timberland é proteção; premissa menor: eu preciso de proteção; conclusão: Timberland me protegerá.

Neste anúncio percebe-se o predomínio da metáfora. Metáfora que, com as estratégias de montagem, foi sendo construída exclusivamente com o poder de iconicidade da imagem. As estratégias de sugestão estão aqui evidentes devido à predominância deste caráter icônico/metafórico que se apresenta para compor o todo da mensagem.

Do interpretante final, a empresa deve esperar que o leitor perceba Timberland como sinônimo de proteção total.

Esta peça publicitária foi analisada dentro da proposta inicial deste livro, ou seja, como, em uma ausência de um texto escrito, os processos de *montagem*, aqui a disposição e manipulação das figuras do par de meias e do par de calçados – os *hipoícones-imagéticos* –, formaram a metáfora maior para a interpretação deste signo.

Publicidade do azeite extravirgem Borges

Figura 3.3 Publicidade do azeite de oliva Borges.

A peça a ser analisada consiste em uma publicidade do azeite de oliva extravirgem Borges veiculada na terceira capa da revista *SABOR Pão de Açúcar*, vendida na sua rede de lojas.

A publicidade se apresenta numa página de papel couchê brilhante cuja gramatura é de 240 gramas. Três quartos desta página se apresentam com uma coloração escura (negra), terminando, se direcionar o olhar da parte superior em direção à inferior, em uma reprodução fotográfica de uma tábua com características de um objeto envelhecido.

Sobre a representação desta tábua envelhecida pode-se notar uma ilustração de um escorredor de macarrão, sobre a qual se apresenta outra reprodução fotográfica em marca d'água de um recipiente próprio do azeite extravirgem Borges. Aos pés e ao redor da ilustração, e sobre a tábua envelhecida, encontram-se reproduções fotográficas de elementos da culinária, a saber: três "ninhos" de um tipo de macarrão (neste caso, *fetuccine*), um pedaço de queijo (com aparência de parmesão) e um tomate.

Acima da ilustração do escorredor de macarrão vê-se um texto escrito: "Borges al sugo".

No canto inferior esquerdo da página há a reprodução de uma figura semelhante a um selo de qualidade com a inscrição: "Azeite de Oliva Espanha". Na área ótica terminal do anúncio vê-se o logotipo da empresa do azeite Borges, sob o qual está o *slogan* da campanha: "O Delicioso Sabor da Vida".

A descrição reporta-se ao aspecto de existência do signo. Como já visto, este é um dos aspectos do fundamento do signo; neste caso, o sin--signo. No universo da publicidade, esta tem sua existência em uma revista de um certo tipo em uma certa época.

Outro aspecto do fundamento está nos quali-signos que aqui estão traduzidos nas qualidades das cores amarela, em nuanças de tons e brilho, preta, verde, vermelha, marrom, prata-metálica e branca. Os textos escritos, o logotipo e o "selo de qualidade" constituem seus legi-signos.

O azeite Borges, em todos os seus aspectos de qualidade e tradição, é o objeto dinâmico deste signo. Como, então, seu objeto imediato, aquele que está dentro do signo, tentará apresentá-lo, indicá-lo e representá-lo?

O aspecto indicativo é o mais evidente, pois trata-se de uma reprodução fotográfica cuja imagem indica a existência de um objeto, o azeite que foi capturado pelo clique da câmera. Entretanto, o mais importante não é a foto como captura de um objeto, mas o modo como essa foto foi trabalhada, o que se constitui justamente na questão que se pretende evidenciar com esta análise. Como se dá a montagem dos elementos que são empregados nessa composição e que papel o ícone desempenha nessa montagem?

Nota-se imediatamente que há um conjunto composicional que tenta criar um cenário com a temática da culinária.

Ao observar as figuras – e para que não canse o leitor com terminologias repetitivas, serão utilizadas doravante o termo figura no lugar de reprodução fotográfica de tal ou tal objeto – dos ninhos de macarrão, do pedaço de queijo, do tomate. Quando lemos o texto "Borges al sugo" em composição com estes hipoícones-imagéticos, as pessoas são levadas a pensar que se trata de uma tradicional macarronada (*fetuccine al sugo*).

A figura azeite Borges está inserida sobre a ilustração do escorredor de macarrão. O leitor está diante de uma estratégia de montagem que visa sugerir que esta figura do azeite pareça estar dentro (no interior e no fundo) de um escorredor de macarrão. Ora, o que estaria fazendo um vidro de azeite no interior de um escorredor de macarrão? Depara-se possivelmente com uma metonímia visual, a figura do azeite no lugar da massa, do macarrão.

Todas as figuras têm como suporte uma outra figura, que é a da madeira envelhecida.

O brilho é um quali-signo constante nesta peça publicitária, brilho presente na figura do escorredor de macarrão (um brilho de aço inoxidável), na do tomate, na do pedaço de queijo, na dos ninhos de macarrão.

De volta ao modo como o objeto imediato apresenta seu objeto dinâmico. Trata-se, sobretudo, de um modo icônico com alto poder de sugestão nas associações com as ideias de tradição, de cuidado na fabricação e de família. Tradição e cuidado na fabricação, desde a madeira envelhecida, passando pelo pedaço de queijo, diferente de um saquinho de queijo ralado, o tomate *in natura*, diferente do molho produzido industrialmente, os ninhos de macarrão com aspecto de massa caseira. Em uma observação mais atenta desta figura pode--se notar algumas partes esbranquiçadas, como se contivessem ainda traços da farinha de trigo utilizada na sua fabricação, em uma analogia entre a confecção artesanal do macarrão e da própria macarronada, com o cuidado e carinho familiares na elaboração do azeite Borges.

O brilho pode sugerir o aspecto de frescor, de pureza dos ingredientes da macarronada, o que pode despertar a ideia, no leitor, da matéria-prima saudável e da pureza do azeite Borges. Se o objeto imediato intenta representar seu objeto dinâmico, pelo menos em parte e em ideias, tente ver como o interpretante imediato, em um mecanismo predominante da contiguidade, torna-se apto para fazer que o interpretante dinâmico deste signo, o responsável pela decisão do cardápio na família, saiba interpretá-lo.

Os entrelaçamentos dos hipoícones-imagéticos com toda a montagem na composição do cenário desta publicidade formam a grande metáfora na constituição de sua estratégia de sugestão. Ou seja, o interpretante dinâmico poderá entender que Borges é um azeite de qualidade e de pureza inigualáveis, com um sabor autêntico e elaborado com todo cuidado; o cuidado que a família merece. Entendimento este que é reforçado pela inserção do selo de qualidade, assim como pelo *slogan* da campanha: "O Delicioso Sabor da Vida".

Se há, no nível do interpretante lógico, como premissa maior: Borges é elaborado com extremo cuidado; premissa menor: minha família merece todo cuidado; tem-se como conclusão: minha família merece Borges.

Como foram trabalhadas as estratégias de sugestão neste anúncio?

Elas estão na montagem especial dos *hipo-ícones-imagéticos*, a saber: a tábua envelhecida, a ilustração do escorredor de macarrão, os ninhos de macarrão, o queijo, o tomate, o selo de qualidade. Estão também nos *hipoícones-metafóricos* o título "Borges al sugo", a figura do recipiente do azeite no fundo da figura do escorredor de macarrão, do pedaço do queijo, do tomate *in natura*, dos ninhos de macarrão e suas partes esbranquiçadas; enfim, na construção de um cenário da culinária familiar. Dá-se, então, ao processo de *montagem* a faculdade de, no manejo das composições destes elementos, formar suas estratégias de sugestão para que esta peça de publicidade enseje sua mensagem.

Espera-se, então, que Borges seja o azeite da família.

Publicidade
do vinho Miolo

76 O poder sugestivo da publicidade: uma análise semiótica

Ag. Publicis NF

Figura 3.4 Publicidade do vinho brasileiro Miolo.

A quarta capa da revista *Sabor Pão de Açúcar* é a publicidade que será analisada. Trata-se de um anúncio publicitário do vinho brasileiro Miolo.

Em seu aspecto existencial, são os sin-signos que dão fundamento e esse signo complexo.

Essa publicidade constitui-se de um arranjo simples de imagens com textos escritos. Há predominância da cor branca em quase toda a extensão da página; apenas uma faixa negra encontra-se no rodapé do anúncio. Sobre esta faixa negra, na posição central da página, está impresso o logotipo da empresa, composto pela reprodução fotográfica de uma garrafa de vinho sobre a palavra Miolo grafada em cor amarela, juntamente com seu *slogan*, "Harmonia em todos os sentidos."

Na parte branca da página, em posição superior central, encontra-se o título desta publicidade, um texto verbal escrito que diz: "Aproveite que a taça está na mão e comemore com a gente. Valeu, Brasil. Pentacampeão". Do centro ótico do anúncio até o início da faixa negra, uma composição de duas reproduções fotográficas de saca-rolhas, em dimensões diferentes, uma em tamanho maior que a outra, forma o cenário principal desta peça publicitária.

As figuras dos saca-rolhas, como já citado, aparecem em dois tamanhos. Este jogo de dimensões diferentes indica uma perspectiva (um jogo de figura/fundo) em que estas figuras se enfileiram. A figura maior do saca-rolha (que se apresenta naturalmente à frente da outra) foi posta numa inclinação para a esquerda, e a outra, menor, para a direita. Aproveitando o formato do saca-rolha, tentou-se traçar uma semelhança entre as hastes, a extremidade superior e o corpo do saca-rolha com os braços, a cabeça e o corpo de pessoas em uma figurativização de um movimento de dança, quase típica, quase habitual de comemoração de um jogador de futebol no momento de um gol. Esses paralelismos da forma constituem-se em quali--signos com alto poder sugestivo.

O texto "Aprecie com moderação" também está presente nesta página, porém, desta feita, meramente como obrigação legal. Não se percebe uma intenção de colocá-lo em evidência.

As qualidades cromáticas que se apresentam nas cores branca, preta, amarela e prata são outros aspectos dos quali-signos. E seus legi-signos estão nos textos escritos e no logotipo da empresa.

Veja como prossegue o jogo das significações.

Este signo tem como objeto dinâmico toda a seleção do vinho brasileiro Miolo. Seu objeto imediato tentará representá-lo apropriando-se de uma temática que muito toca o povo brasileiro.

Este anúncio foi veiculado quando o Brasil acabara de conquistar o título de pentacampeão mundial de futebol em 2002. O convite à bebida se dá por meio de um ato de comemoração. A ideia, pois, que se apresenta no objeto imediato é aquela de comemoração, beber para festejar este acontecimento.

O interpretante dinâmico deste signo, o público-alvo que este anúncio pretende atingir, são as pessoas que ainda estão sensibilizadas com a conquista do pentacampeonato mundial de futebol e que talvez prefiram o vinho, uma bebida menos popular em nosso país, à cerveja, bebida habitual nesta ocasião.

O interpretante dinâmico indicado anteriormente é temporário, pois uma vez passado o "efeito" da copa do mundo, esta publicidade perde a força de sua atualidade.

Veja, pois, como o interpretante imediato deste signo, com a predominância de sua dimensão lógica, em um mecanismo de similaridade, se encontrará apto para fazer seu interpretante dinâmico perceber que a seleção de Miolo, vinho brasileiro, seleto, de reputação internacional, pode garantir a comemoração de um evento de gosto popular, o campeonato mundial de futebol, de uma maneira diferente, mais *raffinée*. Lembremos que se trata de um campeonato de seleções mundiais de futebol. E que se fala em uma seleção das melhores reservas do vinho Miolo.

Começa-se pelo título do anúncio: "Aproveite que a taça está na mão e comemore com a gente. Valeu, Brasil. Pentacampeão".

Analise o legi-signo *taça*. A palavra está se referindo não somente à taça do mundo (expressão geralmente utilizada em se tratando do troféu da Copa do Mundo. Exemplo desta expressão está na canção, bem antiga, feita por ocasião da Copa do Mundo de 1958 e que até hoje repetimos, "A taça do mundo é nossa, com brasileiro não há quem possa..."), como também pode estar se referindo à uma taça de vinho, ou, se não se estiver atento à contextualização da peça publicitária, a uma taça de *champagne* por exemplo, o que se pode definir como um hipoícone-metafórico. "Comemore com a gente", outra expressão que é um convite ao ato de comemorar (comemore) e (com a gente) de beber o produto anunciado (mais uma vez o leitor deve estar atento a toda contextualização do anúncio para entender esta mensagem). "Valeu, Brasil. Pentacampeão". Já há aqui pelo menos uma certeza. Trata-se da comemoração da conquista pelo Brasil do pentacampeonato mundial de futebol.

A montagem constituída dos sin-signos, dos hipoícones-imagéticos dos saca-rolhas com os legi-signos (título, logotipo, *slogan*) forma a composição metafórica da mensagem que se pretendeu passar nesta peça publicitária.

A estratégia de sugestão aí está. Sugere ao leitor um convite a uma comemoração diferente. Uma comemoração própria de sua classe, nos padrões que sua classe "deve" seguir para ser diferente.

A temática desta publicidade é um assunto que estava em voga num momento de comemoração coletiva. Porém, o leitor a que este anúncio se destinou é aquele pertencente a uma classe mais seleta de pessoas.

    Geralmente, o vinho não é a bebida adequada a momentos de comemorações eufóricas, às vezes até "desenfreadas", como é o caso da comemoração popular que se dá nas ruas por ocasião de um campeonato de futebol desse porte. Se for observado o detalhe da colocação do logotipo da Miolo na parte central inferior da página, e não no lugar destinado à assinatura da empresa (área ótica terminal), e se se somar a este fato a leitura atenta do seu *slogan*: "Harmonia em todos os sentidos", pode-se perceber que há mais uma montagem sugerindo que o vinho pode trazer o prazer das comemorações em uma atitude de equilíbrio, distinguindo-se de um comportamento popularesco eufórico.

    E, por fim, pode-se perguntar por que, então, a temática da copa do mundo? Há uma estratégia em publicidade que é a de aproveitar oportunidades. Esta peça procura aproveitar-se de um momento de comoção nacional para atingir uma classe que, imbuída de um espírito de alegria nacionalista, pode fazer do vinho Miolo uma referência de vinho brasileiro. Tem-se como premissa maior: Miolo é para pessoas de "fino trato"; premissa menor: você é uma pessoa de "fino trato"; conclusão: Miolo é pra você.

Publicidade da tinta Suvinil Toque de Seda

86 O poder sugestivo da publicidade: uma análise semiótica

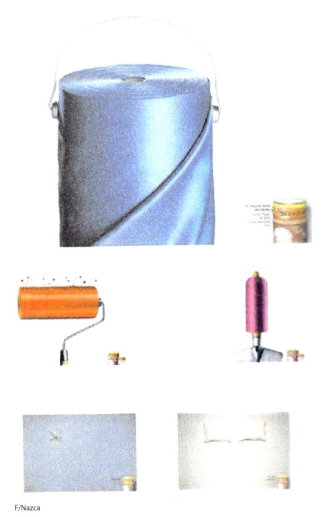

F/Nazca

Figura 3.5 Publicidade da tinta Suvinil Toque de Seda.

A última peça a ser analisada é um anúncio das tintas Suvinil Toque de Seda em formato de página dupla de revista.

Poderia, naturalmente, ser analisada como peça única de uma campanha publicitária, pois fornece elementos suficientes para chegar a uma compreensão da mensagem nela contida. Porém, embora seja analisada somente esta peça, não se pode deixar de mostrar outras que a acompanham numa mesma temática de campanha, o que faz com que esta se torne mais eficiente.

As figuras menores ilustradas não serão analisadas, contudo, poderão servir de referência para o melhor fluir desta análise e para que o leitor possa admirá-las e perceber como nelas estão presentes as estratégias de sugestão da publicidade.

Tentando seguir o roteiro, a análise será iniciada pelo aspecto indicial desta peça: os sin-signos que fazem parte do fundamento do signo.

Uma figura de parede com tons de azul--claro, ocupando toda a extensão da página, constitui-se num "pano de fundo" na composição deste anúncio. À sua frente (jogo de perspectiva) encontra-se uma montagem que compõe uma reprodução fotográfica de uma alça de lata (aparentemente lata de tinta) acoplada a um rolo de tecido com aparência bem evidente de um tecido acetinado.

Ao lado direito, na área ótica terminal do anúncio, como assinatura, encontra-se uma reprodução fotográfica de uma lata de tinta Suvinil e junto a ela um texto escrito: "A roupa de festa dos tijolos. Suvinil Toque de Seda. A seda que virou lata".

Os quali-signos apresentam-se nas qualidades do azul acetinado, nas das cores metálicas, nas qualidades do ocre que, quando corporificadas num existente, podem começar a traçar os caminhos das sugestões que esta publicidade irá construir. Quanto aos legi-signos, tem-se o texto escrito e a própria página da publicidade que segue padrões determinados.

A linha de tintas Suvinil Toque de Seda e todas as suas qualidades são o objeto dinâmico do signo analisado. Seu objeto imediato vai intentar representar esta linha de tintas tendo em vista despertar associações com as ideias de maciez e suavidade da seda. Estas ideias deverão atingir uma mente interpretadora, condição *sine qua non* para um signo funcionar como tal.

Na fotomontagem do rolo de tecido com a alça de uma lata de tinta tem-se um hipoícone-metafórico Lata de Seda. Como se dá esta construção? Como já citado, a figura do rolo de tecido é composta por sin-signos cujos quali-signos imitam um tecido acetinado. Podemos nele perceber seu brilho e jogo de luzes. No centro superior deste rolo de tecido pode-se observar uma figura circular em perspectiva, de cor ocre, sugerindo o cano de papelão central, geralmente pertencente a uma peça de tecido. O sin-signo alça de lata completa a sugestão da figura toda como uma lata (um recipiente).

A metáfora cresce ainda mais com a junção do texto escrito, este um legi-signo, aos outros elementos da peça publicitária, tal como se tenta mostrar:

"A roupa de festa dos tijolos". Roupa de festa sugere uma vestimenta mais elegante, mais "fina". O que pode ser uma roupa elegante e fina de tijolos? O reboco nos parece muito pouco provável, pois este legi-signo, reboco, nos remete a uma ideia de um material bruto, rústico. Então, a roupa fina de tijolos, muito provavelmente, é sua tinta. Suvinil Toque de Seda, que é o nome de uma linha das tintas Suvinil. Portanto, "A seda que virou tinta" dá o caminho, sugere que a tinta Toque de Seda Suvinil pode tornar paredes de casas mais elegantes.

Esse jogo de similaridades, compondo uma metáfora, torna o signo apto a levar o público-alvo desta publicidade, pessoas que estão construindo ou reformando suas casas, a perceber os aspectos de beleza, elegância, fineza da seda corporificados nas paredes de seus imóveis.

Tem-se, pois, como premissa maior: Suvinil Toque de Seda reveste a parede de elegância; premissa menor: quero uma casa elegante; conclusão: quero Suvinil Toque de Seda.

Espera-se, pois, que esses interpretantes dinâmicos tendam para um interpretante final de que Suvinil Toque de Seda é a tinta ideal para que as paredes de sua casa ganhem o mesmo aspecto elegante de um tecido de seda.

Vimos os *hipoícones-imagéticos*, presentes tanto no sin-signo da latinha de tinta Suvinil, quanto na figurativização da "lata de seda", e os *hipoícones-metafóricos*, nos textos escritos e também na composição da "lata de seda", compondo recursos de *montagem* responsáveis pelas estratégias de sugestão na interpretação da mensagem publicitária.

Em todas as análises, a ideia era demonstrar que o mais importante na publicidade não é o que ela mostra, mas como mostra, seus recursos de montagem responsáveis pelo poder de sugestão da mensagem, isto é, pela geração de um campo de associações mentais que rodeiam o produto com um raio de sentidos e uma aura de valores. Esses sentidos e valores são criados graças à proeminência dos signos icônicos. Por estarem baseados em relações de similaridade, são signos abertos aos rebatimentos de significados que imbuem a mensagem publicitária de eficácia sugestiva. O que é mais interessante nisto é que a força de sugestão é produzida através da suavidade de associações mentais ricamente sutis.

Considerações Finais

Na crescente busca para a compreensão e entendimento do mundo da comunicação publicitária, tendo em vista seu "bombardeamento" diário e os efeitos que são por ela causados na vida de cada um, existe a necessidade de pesquisar como se processa o caráter sugestivo da mensagem publicitária.

Revelar o modo como as estratégias de sugestão da mensagem publicitária operam por meio do emprego de signos icônicos e das associações mentais que estes são capazes de provocar no receptor foi o que foi pretendido realizar neste trabalho.

Julgou-se ter sido acertada a escolha de trabalhar as análises com a atenção voltada para os graus de iconicidade e para os meandros da montagem, visto que os primeiros trazem um alto poder de sugestão, e esta estratégia última, a da montagem, completa o sentido, costurando a forma na composição de um conteúdo da mensagem desejada.

Evidentemente, toda interpretação necessita de uma mente interpretadora. Sabe-se que, ao realizar uma análise sígnica, acaba-se por ocupar, queiramos ou não, a posição lógica do interpretante dinâmico, isto é, a posição de uma mente singular, existente, psicológica, com o repertório cultural e intelectual de que ela dispõe.

Entretanto, é a própria semiótica peirceana que revela que a mensagem apresenta uma objetividade sígnica da qual não se pode escapar, se caso se realize uma leitura que fique atenta a esta objetividade. Toda mensagem, de qualquer tipo que seja, apresenta um interpretante imediato, a saber, um potencial para ser interpretada, sua interpretabilidade. A leitura cuidadosa dos meandros da construção sígnica visa justamente ficar rente a este potencial. Embora as pessoas saibam que uma interpretação de um intérprete particular não seja jamais capaz de atingir a interpretabilidade das mensagens em sua completude, o diálogo com a mensagem no seu modo de se fazer, na objetividade semiótica que apresenta, pode deixar, com alguma certeza, algo de sua verdade que pode ser revelado.

Isto é o que se esperou ter atingido com este trabalho.

Referências Bibliográficas

BATAN, Marco Antonio. *Propaganda: o domínio através do som. Estudo da influência do som nos comerciais de televisão*. Tese de doutorado ECA USP. São Paulo, 1992.

BARTHES, Roland. *Mythologies*. Paris : Éditions du Seuil, 1957.

_____. *L'aventure sémiologique*. Paris, Éditions du Seuil, 1985.

_____. *Elementos de semiologia*. Tradução de Izidoro Blikstein. São Paulo, Cultrix, 1997.

BARRETO, Roberto Mena. *Criatividade em Propaganda*. 9. ed. São Paulo: Summus Editorial, 1982.

BAUDRILLARD, Jean. "A publicidade". In *O sistema dos objetos*. São Paulo: Perspectiva, 1973.

BIGAL, Solange. *O que é criação publicitária ou (O Estético na Publicidade)*. São Paulo: Nobel, 1999.

CAMPOS, Haroldo. *Ideograma – lógica, poesia, linguagem*. Textos traduzidos por Heloysa de Lima Dantas. São Paulo: Cultrix, 1977.

_____. *Da Sedução*. 2. ed. Campinas, São Paulo: Papirus, 1992.

CARVALHO, Nelly. *Publicidade: A linguagem da sedução*. São Paulo: Editora Ática, 1998.

CHRISTIANSEN. *Publicidade. Trilha-Armadilha*. Dissertação de mestrado PUC-SP: São Paulo, 1986.

COELHO NETO, J.T. *Semiótica, informação e comunicação*. São Paulo: Perspectiva, 1980.

DAMASIO, Antonio. R., *Descart's Error*, Nova York: Avon Books, 1994.

ENGEL, James F.; BLACKWELL, Roger D.; MINIARD, Paul. *Consumer Behavior*. EUA: The Dryen Press, 1995.

FERRAZ FILHO, Ivan. *Estratégias de persuasão em propaganda. Cognição e consciência*. Dissertação de mestrado PUC-SP: São Paulo, 2002.

FERREIRA, Soraya. *O poder apelativo da Coca-Cola. Estudo da semiose das peças televisivas "Sempre Coca-Cola"*. Tese de doutorado PUC-SP: São Paulo, 1997.

GROMBRICH, E.H. *Meditações sobre um cavalinho de pau e outros ensaios sobre a teoria da arte*. São Paulo: Edusp, 1999.

HAUG, Wolfgang Fritz. *Publicidad y Consumo – crítica de la estética de mercancías*. México: Fondo de Cultura Económica, 1989.

LANDOWSKI, Eric. *A sociedade refletida: ensaios de sociossemiótica*. São Paulo: EDUC/Pontes, 1992.

LIMA, Elvis Candido. *O poder apelativo das marcas*. Dissertação de Mestrado no Programa de Comunicação e Semiótica da PUC/SP: São Paulo, 2001.

MELO, Hygina Bruzzi de. *A Cultura do simulacro: Filosofia e modernidade em Jean Baudrillard*. São Paulo: Loyola, 1988.

MIRA, Maria Celeste. *"O global e o local: mídia, identidades e usos da cultura"*. In *Margem 3. Condição planetária*. São Paulo: Educ, 1994, p. 131.

MORIN, Edgard. *Cultura de massa no século XX*. Rio de Janeiro: Forense, 1967.

NASCIMENTO, Sônia Maria M. *Percepção Subliminar: o poder sedutor das mensagens indiscerníveis*. Dissertação de mestrado PUC-SP, 2001.

NÖTH, Winfried. *Panorama da Semiótica de Platão a Pierce*. São Paulo: Annablume, 1995.

OGILVY, David. *Confissões de um publicitário*. São Paulo: Bertrand, 1966.

OLIVEIRA, Ana Claudia (org.). *Caderno de discussão do Centro de Pesquisas Sociossemióticas PUC/SP: COS – USP: FFLCH – CNRS: PARIS*. Londrina: Gráfica UEL, 2002.

_____. *Cultura das mídias*. 2. ed. São Paulo: Experimento, 1996.

_____; LANDOWSKI, Eric (orgs.) VIII Caderno de discussão do Centro de Pesquisas Sociossemióticas. São Paulo: CPS, 2002.

PEIRCE, Charles Sanders. *Escritos Coligidos, selecionados e traduzidos por Armando mora D'Oliveira e Sérgio Pomerangblum*. Sao Paulo: Abril Cultural, vol. XXXVI, 1974.

_____. Escritos extraídos do *Collect Papers of Charles Sanders Pierce*, 8 volumes, 1931-1958.

_____. *Semiótica*. [Trad.] José Teixeira Coelho Netto. São Paulo: Perspectiva, 1977.

_____. *Writings of Charles S. Pierce,* A cronological edition (w). M. Fisch et al (eds.) Bloomington: Indiana University Press, 1981.

PIGNATARI, Décio. *Informação, linguagem, comunicação*. São Paulo, Perspectiva, 1977.

PLAZA, Julio. "A ti como pensamento em Signos", In *Traduçao Intersemiotica*, Col. Estudos. São Paulo: Perspectiva, 1987.

RANDAZZO, Sal. *A Criação de Mitos na Publicidade*. Trad. Mário Fondelli. Rio de Janeiro: Rocco, 1996.

REVISTA *Meio & Mensagem*. Publicações: 2001, 2002 e 2003.

ROCHA, Everardo P. Guimarães. *Magia e capitalismo. Um estudo antropológico da publicidade*. São Paulo: Brasiliense, 1985.

SAMPAIO, Rafael. *Propaganda de A a Z: como usar a propaganda para construir marcas e empresas de sucesso*. 2. ed. Rio de Janeiro: Campus, 1999.

SANTAELLA, Lucia. *Semiótica aplicada*. São Paulo: Pioneira Thomson Learning, 2002.

_____. *A assinatura das coisas. Peirce e a literatura*. Rio de Janeiro: Imago, 1992.

_____. *A percepção: uma teoria semiótica*. São Paulo: Experimento, 1998.

_____. *A teoria geral dos signos: como as linguagens significam as coisas*. São Paulo: Pioneira, 2000.

_____; NÖTH, Winfried. *Imagem. Cognição, semiótica, mídia*. São Paulo, Iluminuras, 1998.

_____. *Comunicação e pesquisa: projetos para mestrado e doutorado*. São Paulo: Hacker Editores, 2001.

_____. *Cultura das mídias*. 2. ed. São Paulo: Experimento, 1996.

_____. *O que é Semiótica*. Col. Primeiros Passos, 17. ed. São Paulo: Brasiliense, 2001.

SANT'ANNA, Armando. *Propaganda – Teoria – Técnica – Prática*. 7. ed. São Paulo: Pioneira, 1998.

SEMPRINI, Andrea. *Analyser la communication. Comment analyser les images, les medias, la publicité.* Paris: L'Harmattan, 1996.

SEVERIANO, Maria de Fátima Vieira. *Narcisismo e publicidade: uma análise psicossocial dos ideais do consumo na contemporaneidade.* São Paulo: Annablume, 2001.

WESCHER, Herta. *La historia del collage – Del cubismo a la actualidad.* Barcelona: Editorial Gustavo Gili, 1977.

Sobre o Autor

Roberto Chiachiri é Doutor em Comunicação e Semiótica pela Pontifícia Universidade Católica de São Paulo (PUC-SP). Na Faculdade de Comunicação Social Cásper Líbero atua, atualmente, como professor titular na graduação e pós-graduação e coordenador do vestibular. É professor, também, no curso *lato sensu* em Semiótica Psicanalítica na PUC-SP (COGEAE).

É membro do Centro Internacional de Estudos Peirceanos – CIEP como coordenador do grupo de estudos da imagem do programa de pós-graduação em Comunicação e Semiótica da PUC-SP; do Comitê Executivo Brasileiro da International Association for Semiotic Studies/Association Internationale de Sémiotique (IASS/AIS) e da International Association of Visual Semiotics (IAVS).

Tem experiência na área de comunicação, com ênfase em Semiótica, principalmente nos temas *semiótica, comunicação, publicidade* e *imagens gastronômicas*. Semioticista, presta serviços de análises semióticas para institutos de pesquisas.

Impresso por